Et qu'il fallait fuir de toute sa force.
Aussi fit-elle. Une fâcheuse entorse,
Que se donna la petite en chemin,
Pensa la rendre encor d'un chien gredin
La triste proie : heureusement Poulette
Se trouvait lors près d'une maisonnette ;
Par la chatière, en haletant, Caquet
Echappa vîte à la dent du roquet,
Comme un voleur que la maréchaussée
Poursuit de près ; et fut, tête baissée,
Sans regarder, se tapir sous un four.

    Convenons-en, voici pour un seul jour,
Pour qui n'a vu le monde qu'en peinture,
Des incidens d'assez mauvais augure.
Mais, dira-t-on, les romans sont remplis
De pareils faits : une jeune Philis,
A qui l'amour a tourné la cervelle.
Par un amant, au moins aussi fou qu'elle,
Se fait en poste enlever un matin
Hors du couvent ; surviennent en chemin
Des cavaliers ou des voleurs, n'importe,
L'épée au poing, tuant tout ; on l'emporte
Au fond d'un bois, et puis... *et cætera*.
Eh ! qui l'ignore ? Oui, sans doute on lira
Dans cent romans pareilles aventures,
Mais ce seront des fables toutes pures :
Au lieu qu'ici l'on vous donne des faits
Qu'on garantit vrais s'il en fut jamais.

LE
LÉGISLATEUR ANGLAIS,

OU

EXTRAIT SUCCINCT ET CURIEUX

DES LOIS CONSTITUTIONNELLES
DE LA GRANDE-BRETAGNE.

LE LÉGISLATEUR ANGLAIS,

OU

EXTRAIT SUCCINCT ET CURIEUX

DES LOIS CONSTITUTIONNELLES DE LA GRANDE-BRETAGNE;

Ouvrage utile aux Législateurs français, et à toutes les personnes qui se destinent à faire un voyage en Angleterre :

TRADUCTION DE L'ANGLAIS;

Par T.-P. BERTIN.

* * *

A PARIS,

Chez l'Auteur, place Saint-Germain-l'Auxerrois, maison du bureau des contributions, n°. 55 ;

Et chez { DELAUNAY, Libraire au Palais-Royal ; PICARD-DUBOIS, Libraire, quai aux Fleurs ; DABO, Libraire, place Saint-Germain-l'Auxerrois, n°. 31.

814.

IMPRIMERIE DE Mme. V^e. PERRONNEAU,
quai des Augustins, n°. 39.

PRÉFACE.

Nous aurions pu donner plus d'étendue à cet Extrait, mais c'eût été en parlant de lois qui ne sont pas applicables à la France, ou dont les abus fixent, dans ce moment, l'attention publique, et qui sont l'objet de bills soumis à la discussion des chambres. Telles sont celles sur les débiteurs, dont la sévérité est extrême ; telles sont celles encore sur l'enlèvement des enfans, dont l'indulgence, au contraire, choque tous les bons esprits. Comment concevoir, en effet, qu'une personne qui prive un père et une mère du gage de leur amour, de l'objet de leur tendresse, de leur consolation enfin, n'encoure aucun châtiment si elle n'est pas convaincue d'avoir volé ses habits ? C'est en vain que, pour excuser ce crime, on expose que des enfans ont été enlevés à leurs familles par des gens qui avaient l'intention de les mieux élever, puisque d'autres les ont dérobés soit pour les vendre, soit pour les livrer à des occupatious pénibles et au-dessous de leur naissance. Déja un bill sur ce sujet important avait passé à

la chambre des Communes,
il y a quelques années; mais
la chambre des Pairs l'a re-
jetté : il faut espérer que la
motion récente de M. Smith,
secondée de M. Onslow, aura
plus de succès.

Nous réparerons ici quel-
ques omissions qui nous sont
échappées.

D'après les lois de l'Angleterre, un homme qui entre
à une heure indue dans une

taverne, ou qui y reste après l'heure fixée par la loi, est coupable d'une transgression appelée *trepass*, c'est-à-dire atteinte à la propriété. Cette transgression, qui est soumise à un jugement par jurés, entraîne une amende de quarante schellings.

C'est un crime, d'après les mêmes lois, d'établir un bac dans le voisinage d'un autre, et de manière à lui porter pré-

judice, parce que les propriétaires des anciens bacs sont te-
nus de les entretenir sous peine
d'amende, et qu'un nouveau
aurait les profits, sans avoir
les charges. Mais ce n'est point
une offense d'élever un moulin
à côté d'un moulin, quoique
le nouveau puisse enlever les
pratiques de l'ancien, à moins
qu'il ne détourne son eau. Ce
n'est pas non plus une transgression d'élever une école

ou une manufacture à côté d'une autre, parce que cette rivalité tourne au profit du public.

Si un homme, après avoir commis le crime de félonie, se rend dans la maison d'une personne avant d'être arrê-té, et que cette personne le laisse échapper, cet acte ne la rend pas complice, mais elle le devient si elle reçoit de l'argent du criminel pour faciliter son évasion, ou si, en fermant la porte de la rue, elle met en défaut les gens qui le poursuivent, parce que ce n'est pas l'action de ne point arrêter un malfaiteur qui constitue la culpabilité, mais celle de l'aider à s'échapper.

C'est un crime de haute trahison de tuer le chancelier, le trésorier de l'échiquier, les juges du banc du roi , et autres , lorsqu'ils sont dans leurs fonctions.

Si un sujet de la Grande-Bretagne s'enrôle pour un service étranger , sans une permission signée du roi , il est coupable du crime de félonie ; mais s'il a été invité à s'enrôler par une autre personne, et que l'ayant découverte dans l'espace de quinze jours, il parvienne à la faire arrêter et convaincre de son crime, il reçoit une indemnité.

L'action de soutenir verbalement ou par écrit que les deux chambres du parlement ont une autorité législative sans le roi, est une offense définie par le mot *premunire*, et qui entraîne la peine du bannissement perpétuel, ainsi que la confiscation des biens.

Boire à la mémoire d'un

traître ; est une offense du
même genre, et qui soumet le
coupable à la peine du pilori ou
autre punition diffamante.

La communication d'un li-
belle, ne fût - ce qu'à une
seule personne, est la publi-
cation de ce même libelle ;
en conséquence, c'est écrire
un libelle que d'adresser une
lettre insultante à quelqu'un,
et cette offense est la même
que si le libelle était impri-

mé. Il importe peu que le contenu du libelle soit vrai ou faux, c'est la provocation qui est punissable, et non pas seulement la fausseté, quoique la fausseté soit une aggravation du crime.

Les écouteurs aux portes et aux fenêtres sont traduits devant les tribunaux, et encourent une amende, ainsi que l'obligation de fournir des sûretés pour leur bonne conduite.

Il existe en Angleterre un tribunal chargé spécialement de connaître des marchés passés entre les habitans de la campagne et les marchands forains. Ce tribunal porte le nom de *pie poudre* , dénomination qui rappelle la souveraineté des Français dans ce pays , sous Guillaume-le-Conquérant. *Pie poudre*, qui signifie *porte - balle*, est en effet une corruption de *pied*

poudré ou *poudreux* , épi-
thète qui se donne aux gens
dignes de peu de confiance.

Nous nous arrêterons ici
en déclarant que cet extrait
est tiré d'un abrégé des com-
mentaires de Blackstone, fait
par le docteur Trustler , et
que par conséquent , il ne
contient rien qui puisse ins-
pirer des doutes aux lecteurs.

TABLE

DES MATIÈRES.

d

FIN DE LA TABLE.

LE LEGISLATEUR ANGLAIS,

OU

EXTRAIT SOMMAIRE ET CURIEUX

DES LOIS CONSTITUTIONNELLES DE L'ANGLETERRE.

~~~~~~~~~~~~~~~~~~~~~~~~~~~~~~~~~~~~~~~

N°. 1.

DROITS DE TOUT HOMME

NÉ DANS LA GRANDE-BRETAGNE.

La liberté personnelle est d'un si haut prix, en Angleterre, qu'on ne
~~~~~~~~~~~~~~~~~~~~~~~~~~~~~~~~~~~~~~~

peut y porter atteinte qu'avec l'autorisation des lois.

L'action de retenir un homme malgré lui dans la rue, est regardée comme un emprisonnement ; quant à sa propriété ; la loi n'en permet pas la violation, même pour le bien général.

La législature oblige quelquefois un propriétaire à vendre son bien pour qu'on y établisse des chemins ou des canaux ; mais elle n'use de ce pouvoir qu'avec beaucoup de discrétion, et en payant à la personne ainsi dépouillée la valeur de sa propriété.

Un Anglais ne paye de taxe que

celle qui est consentie par les députés qui le représentent.

~~~~~~

N°. 2.

DU CORPS LÉGISLATIF.

Le pouvoir du parlement qui se compose de la chambre des pairs, de la chambre des communes et du roi, est immense.

Il peut donner un nouveau mode de succession au trône, changer la religion du pays, ainsi que sa constitution ; et ce que le parlement a fait, aucune autorité ne peut le détruire.
~~~~~~

Aucun des officiers de la couronne, tels que ceux employés à la levée des taxes créées depuis 1792, à l'exception des commissaires de la trésorerie ; les commissaires des prises, des licences pour la vente du vin ; les employés de l'excise ou des douanes ; les munitionnaires ou payeurs de l'armée ; les contrôleurs des voitures de place, et les pensionnaires de l'état, ne peuvent être du corps législatif ; et tout homme qui, tenant un emploi du gouvernement, est nommé député, perd son titre de représentant : les officiers de l'armée qui acceptent une nouvelle commission sont exceptés de cette loi.

Les soldats en quartier dans un endroit où il y a une élection doivent s'éloigner avant qu'elle commence.

~~~~~~

N°. 3.

DU ROI.

Le monarque jure, à son couronnement, de gouverner d'après les lois de l'empire, de rendre justice et de faire exécuter tous les jugemens avec clémence, et de conserver au clergé et à l'église tous les priviléges qui lui appartiennent.
~~~~~~

La personne du roi est sacrée : aucune juridiction n'a le droit de le juger, encore moins de le punir; mais comme le roi ne peut abuser de son pouvoir sans l'avis de ses ministres, ces ministres peuvent être recherchés et punis.

La loi attribue au souverain, dans son caractère politique, la *perfection absolue.*

C'est une maxime établie que le roi ne peut pas avoir tort, ce qui implique deux choses,

1º. Que quelque désordre qu'il y ait dans les affaires publiques, il n'en est pas responsable personnellement;

2°. Que cette prérogative étant créée pour le bien du peuple, elle ne peut être exercée au préjudice du monarque.

Un troisième attribut du roi est la *perpétuité*.

Dans sa qualité politique, il ne peut jamais mourir; car aussitôt le décès du prince régnant, la couronne ou la dignité royale passe à son héritier : c'est pour cette raison que la mort du prince se nomme transport de la couronne (*demise*).

Une des branches des revenus du roi procède de la forfaiture ou confiscation appelée *deodand*. Cette forfai-

ture naît plutôt du malheur du propriétaire que de son crime, et est la saisie, par le roi, de ce qui occasionne
la mort d'une créature raisonnable.

En conséquence, si un cheval, un
bœuf ou tout autre annimal tue un
enfant ou un adulte, ou si une char-
rette passe par-dessus lui, ils encour-
rent la forfaiture comme punition de
la nég'igence du conducteur (1).

---

(1) Il serait bien à desirer que cette
loi fût appliquée à la France. De combien de malheurs la négligence des voitu-
riers n'est elle pas journellement la cause!
et combien d'accidens elle épargnerait
dans la capitale! (*Note de l'éditeur.*)

N°. 4.

DE LA NOBLESSE.

Si une duchesse épouse un baron, elle est toujours duchesse, parce que tous les nobles sont *pares*, et que, par conséquent, ce mariage ne peut être une mésalliance. Un pair et une *pairesse* ne peuvent être arrêtés en vertu d'une requête au civil ; un pair fait sa déposition aux tribunaux sur sa seule parole d'honneur et non sur serment. L'honneur d'un pair est mis en si haute estime par la loi , qu'une conduite scandaleuse tenue envers lu se nomme *scandalum magnatum.*

N°. 5.

DES ARMÉES.

Une armée sur pied en tems de paix; à moins qu'elle ne l'y soit du consentement des deux chambres, est un crime contre la loi.

Tout matelot ou marin étranger, qui a servi deux ans sur un vaisseau de guerre, vaisseau marchand ou corsaire, est naturalisé Anglais, privilége dont ne jouit aucun autre état. Aucun matelot ou marin à bord d'un vaisseau de roi ne peut être arrêté pour dette d'une somme au-dessous de vingt livres sterling.

~~~~~~~~~~~~~~~~~~~~~~~~~~~~~~~~~~~~~

N°. 6.

DU PEUPLE.

Tout célibataire entre l'âge de douze et soixante ans ; tout homme marié au-dessous de trente ans, s'il n'a aucun moyen visible de gagner sa vie,
~~~~~~~~~~~~~~~~~~~~~~~~~~~~~~~~~~~~~

est obligé d'entrer au service, soit d'un laboureur soit d'un homme de toute autre profession. Il en est de même des femmes non mariées, depuis l'âge de douze, jusqu'à celui de quarante ans.

N°. 7.

Des Mariages.

L'âge auquel un garçon peut se marier est 14 ans, celui d'une fille 12.

Si un homme épouse la sœur de sa première femme, et qu'elle meure avant que le gouvernement en soit instruit, les enfans qu'elle en aura eus seront légitimes; mais l'homme pourra être puni pour crime d'inceste.

Deux personnes peuvent se marier ensemble, lorsque leur degré de parenté ne remonte pas au-dessus de celui de cousins-germains.

Un mari peut faire un legs à sa femme; la femme n'en peut pas faire au mari, parce qu'on suppose qu'elle céderait à des voies de coërcition.

Si une femme a fait des dettes avant son mariage, le mari est obligé de les payer, parce qu'il est censé l'avoir prise avec toutes ses charges; mais si elle meurt avant que ces dettes ne soient payées, le mari n'est tenu de les acquitter qu'autant qu'il aurait pris l'engagement de le faire.

Si un homme meurt, et que sa veuve se remarie aussitôt après sa mort, l'enfant qui naîtra de ce second hymenée, s'il naît dans un espace de tems qui permet de l'attribuer également aux deux maris, pourra choisir, lorsqu'il sera parvenu à l'âge de raison, celui des deux pères qui lui conviendra le mieux.

N°. 8.

Du Concubinage.

Si, lorsqu'une femme est accouchée ou qu'elle est enceinte, elle accuse devant le juge de paix un homme d'être le père de cet enfant, l'homme est arrêté et mis en prison, jusqu'à ce qu'il ait donné caution de sa capacité de pourvoir à l'entretien de l'enfant, ou qu'il ait paru aux sessions pour plaider contre le fait à lui imputé. Mais si la femme meurt, si elle se marie avant ses couches, s'il est prouvé qu'elle n'est pas enceinte, l'homme est déchargé de toute accu-sation.

N°. 9.

Des Bâtards.

Les enfans naturels ne sont héritiers de personne, et ne peuvent avoir que ceux issus d'eux-mêmes : un bâtard néanmoins peut être légitimé et capable d'hériter par un acte du parlement. Considéré du côté civil, l'eufant naturel n'a point de parens : il en est autrement du côté moral ; car il ne peut épouser ni sa mère, ni sa sœur, ni autres proches.

N°. 10.

Des Droits des héritières.

Une fille peut être fiancée ou donnée en mariage à l'âge de 7 ans ; à 9, elle à droit de recevoir un douaire ; à 12, elle est nubile et peut consentir à donner sa main ou la refuser, et si elle est connue pour avoir assez de jugement, elle peut léguer son bien par testament ; à 14, elle est légalement raisonnable, et peut choisir un tuteur ; à 17, elle peut être exécutrice d'un testament, et à 21 ans, elle est sa maîtresse.

N°. 11.

Des Droits des mineurs.

En matière civile, un mineur ne perd rien pour avoir négligé la réclamation de son droit.

Un mineur peut acheter du bien ; mais à sa majorité, il est libre de ratifier ou d'annuler le marché, et ses héritiers peuvent en faire autant s'il meurt dans sa minorité.

N°. 12.

Des Droits des femmes.

Une femme sans enfans a droit au tiers des biens et des héritages de son mari, c'est-à-dire, à tout ce dont chaque enfant qu'elle aurait pu avoir serait devenu héritier.

N°. 13.

Des Biens et des successions.

Les enfans mâles héritent au préjudice des filles ; mais les filles ont droit à la succession avant les collatéraux.

Lorsqu'il y a deux ou plusieurs enfans mâles à un égal degré, l'aîné hérite seul ; mais les filles héritent ensemble comme co-héritières.

Les étrangers n'ont pas d'héritiers ; et aucun de leurs parens qui sont étrangers ne peut hériter. Si un étranger se fait naturaliser, et qu'alors il fasse l'acquisition d'un bien, le fils qu'il a eu avant de se faire naturaliser ne peut hériter de sa fortune ; mais un fils né depuis cette naturalisation est apte à hériter. Si cependant l'étranger a été naturalisé par un acte du parlement, son fils aîné à droit d'hériter.

N°. 14.

Des Biens des criminels.

Le sang d'une personne convaincue de félonie (1) est si corrompu aux yeux de la loi, qu'elle n'a plus d'héritiers ; en conséquence, tous les fiefs simples que possédait le félon retournent au seigneur suzerain, si la forfaiture ou confiscation envers le souverain ne les intercepte pas dans leur passage.

Le crime de haute trahison entraîne

____

(1) Félonie, crime capital.

des suites plus fâcheuses encore ; les
enfans de celui qui s'en est rendu
coupable ne peuvent hériter ni de son
bien, ni de celui de son père, ni de
celui de son aïeul.

No. 15.

Des Attérissemens.

Si une île s'élève au milieu d'une
rivière, elle appartient au propriétaire
de la terre dont l'île est la plus voi-
sine ; si une île s'élève dans une des
mers qui appartiennent à la couronne

d'Angleterre , elle devient la propriété du roi.

N°. 16.

Des Testamens.

Les sourds, les muets et les aveugles ne peuvent pas faire de testament. Il en est de même des personnes qui se rendent coupables de suicide; elles ne peuvent tester avant de se donner la mort.

Aucun codicille n'est valable lorsque son objet excède la somme de trente livres sterling, à moins qu'il ne soit fait devant trois témoins, dont quelques-uns d'entre eux ont été requis par le testateur. Il est de même nul s'il n'a pas été passé dans la dernière maladie du testateur, à son domicile, ou dans tout autre endroit qu'il aurait habité précédemment, l'espace de dix jours, à moins que le testateur n'ait été surpris dans son voyage par une indisposition, et qu'il n'en soit mort avant de revenir à son logis.

Si un homme qui a fait un testament, se marie et a un enfant, le testament fait pendant qu'il était garçon, se trouve révoqué de droit et de fait.

Les femmes mariées peuvent être exécutrices testamentaires, et les enfans peuvent être nommés à cette fonction même dans le ventre de leur mère. Elle est confiée alors à une autre personne jusqu'à ce qu'ils aient atteint l'âge de 17 ans.

L'exécuteur d'un testament doit faire ensevelir le défunt dans *un drap de laine* (1), sous peine d'amende.

______

(1) Cette obligation a pour but de faire valoir les fabriques d'étoffes de laine. Un autre motif d'intérêt public a établi, en Angleterre, l'usage de ne porter que des boutons travaillés, et de proscrire ceux de la même étoffe. Cet usage est très-favorables aux manufactures, et s'il était adopté en France, il procurerait de l'ouvrage à un très-grand nombre d'ouvriers. (*Note de l'éditeur.*)

Si un créancier nomme un débiteur son exécuteur testamentaire, cette nomination équivaut à une quittance de la dette.

N°. 17.

Des Legs pieux.

Aucun bien et aucune somme d'argent ne peuvent être employés à des dons charitables aux hôpitaux, écoles et autres établissemens de ce genre, que par un contrat passé devant deux témoins, un an accompli avant la mort du donateur, et enregistré en la cour de la chancellerie. Il est néanmoins une exception en faveur des fonds publics qui peuvent être transférés six mois avant la mort du donateur.

⁓⁓⁓⁓⁓⁓⁓⁓⁓⁓⁓⁓⁓⁓⁓⁓⁓⁓⁓⁓⁓⁓⁓⁓

N°. 18.

DES ÉTRANGERS.

Un étranger se trouve en Angleterre dans une position particulière : il peut acheter tout ce qui lui plaît ; mais rien de ce qu'il achète n'est transmissible, si ce n'est le bail d'une maison où sont ses marchandises ; il n'en peut pas même disposer, s'il est étranger d'une nation avec laquelle l'Angleterre est en paix. Toute acquisition de sa part est confisquée au profit du roi.

N°. 19.

DES PROPRIÉTÉS PERSON-NELLES.

C'est un crime de félonie de voler des animaux renfermés et propres à la nourriture de l'homme, ainsi que ceux qui sont privés; il n'en est pas de même de ceux que l'on garde pour son plaisir , comme des chats , des ours , des perroquets , des oiseaux chantans , et dont la valeur dépend du caprice du maitre. Il est permis cependant d'intenter un procès à ceux qui les volent.

***

N°. 20.

Prérogative du Roi.

La prérogative du roi lui donne la propriété des choses naufragées , des animaux privés qui sont perdus et non réclamés , des objets qu'un voleur laisse tomber en s'enfuyant , s'ils ne sont pas revendiqués dans l'espace d'un an entier ; de la baleine , des esturgeons , des cignes, des biens dont le propriétaire n'a de titre que la copie du rôle de l'intendant de son seigneur. Elle lui donne aussi le privilége exclusif d'imprimer, à sa propre imprimerie, tous les actes du parlement , les ordres du conseil , la bible et les livres de prières usuelles.

N°. 21.

Des Veuves.

Une veuve à la liberté de s'approprier, à la mort de son mari, les choses qui, en Angleterre, se nomment *paraphernalia*, si elle les a portées jusqu'à la mort de son époux, quoi qu'il eût eu le droit de les vendre de son vivant. Ces *paraphernalia* consistent dans les ornemens assortis au rang et à la fortune d'une femme. Les joyaux de l'épouse d'un duc et pair sont rangés dans cette classe.

N°. 22.

Des Effets de commerce.

Tous billets à ordre, lettres-de-change, traites négociables pour le paiement d'une somme au-dessous de vingt livres sterling (24 francs), sont nuls, et l'on est punissable d'en souscrire ou d'en mettre en circulation de pareils.

~~~~~~

N°. 23.

DES INJURES ou PRÉJUDICES PERSONNELS.

Après avoir considéré les droits des personnes et des choses : nous allons parler des actes préjudiciables.

Ce serait porter un préjudice irréparable à un ouvrier que de lui saisir ses outils. On ne peut donc saisir à aucun ouvrier ou artiste les instrumens de sa profession.

On ne peut non plus rien saisir de
~~~~~~

ce qui ne peut pas être rendu dans le même état où il était, quand on s'en est emparé, tel que le lait, les fruits et autres choses pareilles ; une chose saisie n'étant en quelque sorte qu'un gage ou une sûreté qui doit être rendue, lorsque la dette est acquittée.

Toute personne qui en estropie une autre d'un bras, d'une jambe, d'un doigt, d'un œil, *d'une dent de devant*, etc., est poursuivie au nom de la partie publique, et de la partie offensée pour des dommages et intérêts.

L'action d'envoyer a un *gentle-*

man (1) *un fusil de bois* ou *une li-cence* pour tenir une maison publique, est une espèce de libelle contre lequel il est permis d'informer.

Nul ne peut chasser sur les terres d'un autre ; mais chacun à le droit d'y chasser s'il est à la poursuite d'un putois, d'un renard ou de toute autre bête carnacière, parce que la destruction en est utile au bien public.

---

(1) Homme de naissance sans être noble.

N°. 24.

DES OFFENSES PUBLIQUES.

De l'âge auquel un enfant est coupable.

La capacité de faire mal ne se mesure pas autant sur l'âge d'un enfant que sur le degré de conception. La maxime anglaise est que la finesse de l'intelligence doive compenser le défaut de l'âge, dans le cas où la peine capitale serait encourue. A huit ans, un enfant

4

peut être regardé comme coupable de félonie; et s'il paraît à un jury qu'un individu au-dessous de l'âge de 14 ans, soit capable de distinguer le bien du mal, il pourra être condamné à la peine de mort.

———————

N°. 25.

D'un Coupable en démence.

Si un homme condamné perd la raison après son jugement, son exécution est suspendue, attendu que s'il n'eût pas éprouvé un désordre moral, il aurait pu dire quelque chose qui lui eût obtenu un sursis ; d'ailleurs l'exécution d'un insensé ne servirait pas d'exemple , et l'exemple est le but du châtiment.

———————

Nᵒ. 26.

Des Crimes commis par force.

Ceux qui se rendent coupables d'actions illicites par nécessité ou par force, sont excusés ; une femme qui commet des crimes par l'ordre de son mari, n'est pas punie. Mais un fils ni un domestique ne peuvent alléguer les voies coercitives, employées par un père ou par un maître. La femme n'est pas non plus excusée, sur ce motif, pour meurtre ou pour crime de trahison.

Dans des tems de guerre ou de rebellion, un homme est justifié des perfidies dont il a été forcé de se rendre coupable par les voies coercitives de l'ennemi et des rebelles ; mais cette justification n'a d'effet que pour les lois humaines. Suivant les lois divines, les voies de coercition ne peuvent pas déterminer un homme à commettre une action immorale ; ainsi, quoiqu'un homme sache que le seul moyen

d'échapper à la mort est de ladonner
à un être innocent, cette certitude, aux
yeux de Dieu, ne peut point l'acquitter
du crime de meurtre; car il vaut bien
mieux perdre la vie que de l'ôter à un
être innocent. Dans ce cas, il faut qu'il
cherche à tuer celui qui veut le forcer
à une action criminelle, et sa conduite
alors sera justifiée aux yeux de l'être
suprême.

4.

N°. 27.

Des Complices.

Si un père reçoit et secourt son enfant qui a commis un crime de félonie;
si un mari recèle sa femme qui s'est
rendue coupable du même crime, ils
deviennent complices *après l'acte commis* (1); mais une femme qui recèle

---

(1) Les lois d'Angleterre établissent
une différence entre un complice avant
et un complice après un acte commis: ce
dernier est regardé comme moins coupable.

son mari ne devient pas son complice
en agissant ainsi, parce qu'elle s'est
engagée à ne jamais découvrir son
maître.

N°. 28.

De l'Irréligion.

Une personne qui n'assite pas au
service divin paye au profit des pauvres un scheling tous les dimanches,
et vingt livres sterling au roi, si elle
s'en absente pendant un mois.

N°. 29.

Des Juremens.

Tout journalier, matelot ou soldat qui profane, en jurant, le nom du seigneur, paye une amende d'un schelling ; toute autre personne au-dessous du rang de gentleman, deux schellings, et tout gentleman ou toute personne d'un rang supérieur, cinq schellings, au profit des pauvres de sa paroisse.

Pour une rechute, le double ; pour une troisième fois et toutes les autres suivantes le triple de la première amende encourue.

En cas de non paiement, le délinquant est envoyé à la maison de correction pour dix jours.

N°. 30.

Des Réunions.

Aucune personne ne peut former des réunions hors de sa paroisse pour jouer, le dimanche, sous peine d'encourir une amende de trois schellings et quatre pences au profit des pauvres.

N°. 31.

Des Faux monnoyeurs.

Tout homme qui contrefait ou al-tère les monnaies est coupable de haute trahison; mais il obtient sa grâce s'il découvre, hors de sa prison, deux autres criminels du même genre **, et** peut opérer leur conviction.

N°. 32.

Des Catholiques.

Un catholique qui tient école sans avoir prêté le serment de fidélité au roi, prescrit par l'acte du 18e. statut de Georges III , encourt la peine d'un emprisonnement perpétuel.

Les catholiques romains au-dessus de l'âge de 18 ans, ne peuvent acheter aucunes rentes, successions ou biens que sous certaines restrictions , et celle de jurer foi et hommage au roi.

Nᵒ. 33.

Des Signes religieux.

L'importation en Angleterre d'*Agnus Dei*, de croix, de chapelets, et l'action d'en présenter aux autres comme étant bénis par l'évêque de Rome, sont des crimes qui emportent la peine de *præmunire*, c'est-à-dire, d'être hors de la protection du roi, la confiscation des biens, et de rester en prison aussi longtems que cela plaît au souverain.

N°. 54.

Du Commerce criminel avec l'épouse du roi.

Tout commerce charnel avec l'épouse du roi, sa fille aînée, ou l'épouse de son fils aîné, quoique de leur consentement, est crime de haute trahison des deux parties.

Cette loi a pour but de conserver le sang royal exempt de toute espèce de tache ; car ce n'est pas en Angleterre un crime de haute trahison que de faire violence à une reine ou à une princesse douairière.

5

N°. 55.

Crimes commis dans les maisons royales.

Frapper avec méchanceté quelqu'un dans le château du roi , où sa personne royale demeure , et de manière que l'individu frappé saigne , est un signe de mépris pour ce palais, punissable par un emprisonnement perpétuel , par une ameude fixée par le roi , et même par l'amputation de la main droite.

N°. 56.

DES PÉTITIONS.

Une pétition adressée au roi, pour un changement à opérer dans les affaires de l'église ou du gouvernement, ne peut être signée de plus de vingt personnes, à moins que le contenu n'en soit approuvé par trois juges, en province, ou par la majorité du grand jury aux assises, et à Londres par le lord maire, les échevins et le conseil de la mairie; et aucune pétition ne doit être remise par une compagnie de plus de dix personnes, sous peine, dans les deux cas, d'une amende qui ne peut pas excéder cent livres sterling, et de trois mois d'emprisonnement, tant les *pétitions tumultueuses* approchent d'un soulèvement.

N°. 37.

Des Obligations des personnes volées.

Une personne volée qui reconnaît le voleur, et qui en obtient ses effets ou des dédommagemens, sous promesse de ne pas le poursuivre, est sujette à une amende et à un emprisonnement. Tout l'omme qui fait afficher des avertissemens pour recouvrement d'effets volés, et met sur l'affiche *« il ne sera pas fait de questions à ceux qui les rendront, »* soumet l'afficheur et l'imprimeur à une amende de cinquante livres sterling.

5.

Nᵒ. 38.

Des Retenues faites par les aubergistes.

Un aubergiste peut retenir les effets ou le cheval de celui qu'il loge chez lui, jusqu'à ce qu'il soit payé de sa nourriture ; mais le cheval ne peut être retenu que pour sa propre dépense, et non pour celle de son maître ou celle d'un autre cheval ; l'aubergiste ne peut pas non plus se servir de ce cheval pour son propre usage. Cependant, d'après une coutume par-

ticulière à Londres, et non à d'autres villes, un cheval laissé à une
auberge et qui a mangé sa valeur, est
à la disposition de l'aubergiste qui
peut se l'approprier, d'après une esti-
mation raisonnable de quatre voisins ;
la coutume du royaume ne lui permet
pas néanmoins de vendre ce même
cheval.

————

N°. 39.

Des Duels.

Si un homme en appelle en duel
un autre par rapport à de l'argent

gagné au jeu, ou qu'il se porte à des voies de fait à cet égard, tous ses biens sont confisqués au profit de la couronne, et il est condamné à deux mois d'emprisonnement.

N°. 40.

De l'Exportation furtive des laines.

La transgression appelée *owling*, du mot *owl*, hibou, parce qu'elle se commet de nuit, est l'exportation de laines, de brebis ou de terre à foulon hors de l'Angleterre. L'exportation des bêtes à laine vivantes, l'embarcation de ces animaux sur des navires, entraînent leur confiscation et un an d'emprisonnement pour la première offense, avec l'amputation de la main gauche, qui se fera à la fin de l'année dans quelque foire ou marché, et sera attachée avec un clou en place publique. La rechûte est crime de félonie.

N°. 41.

Des Banqueroutes.

Si un banqueroutier détenu en prison par ses créanciers, pour une somme au-dessous de cent livres sterling, refuse, sur la demande qu'ils lui en font, de leur découvrir ou de leur remettre ses effets, il est coupable de félonie, et encourt la déportation pour six ans.

N°. 42.

De l'Usure.

L'usure, c'est-à-dire l'action de prêter à un intérêt au-dessus de cinq pour cent en Angleterre, et de six pour cent en Irlande, entraîne une amende qui équivaut à la somme empruntée.

N°. 45.

Des Professions et Métiers.

L'action d'exercer une profession ou un métier, dans une ville, sans avoir fait un apprentissage pendant sept ans, entraîne une amende de quarante schellins par chaque mois de cet exercice.

N°. 44.

Des Ouvriers débauchés pour l'étranger.

Les lois de l'Angleterre punissent l'action de débaucher un ouvrier et de l'emmener en pays étranger, par une amende de cent livres sterling, et un emprisonnement de trois mois ; il est même un acte du parlement qui condamne le délinquant à une amende de cinq cents livres sterling et à un mois d'emprisonnement pour la première offense, et à mille livres sterling et deux

6

ans de prison pour la seconde par chaque ouvrier débauché.

————

N°. 45.

De l'Exportation des outils, etc.

Tout individu qui exporte des outils et des ustensiles servant aux manufactuces de soie, de toile, de coton ou de laine , encourt la même amende et la même peine.

N°. 46.

Des Pestiférés.

Si un homme infecté de la peste, ou logé dans une maison dans laquelle règne une maladie pestilentielle, désobéit à l'ordre qu'il aura reçu du maire, de garder la maison, et sort ou converse avec d'autres personnes, il sera puni du fouet, comme vagabond, s'il n'a aucune plaie pestilentielle; mais s'il a sur son corps quelque ulcère causé par la peste et qui ne soit pas guéri, il sera traité comme coupable de félonie. La même punition est infligée aux personnes qui rompent leur quarantaine, et s'appliquent aux femmes.

N°. 47.

De la Vente de vin gâté, etc.

La vente de vin gâté, de viande mal-saine, ou de *poisson acheté d'un Juif*, est défendue sous peine d'amende pour la première fois, et du pilori pour la seconde.

N°. 48.

Des Saltimbanques.

L'introduction dans le royaume d'Angleterre, de tout individu qui dit la bonne aventure, par un autre, expose ce dernier à une amende de quarante livres sterling. Si un diseur de bonne aventure reste l'espace d'un mois en Angleterre, ou si une personne quelconque, de l'âge de quatorze ans, qui a été trouvée avec des bohémiennes ou tireuses d'horoscope, ou qui a été

6.

déguisée comme elles , y reste un mois de suite , ou en plusieurs fois , elle sera jugée comme coupable de félonie, sans bénéfice du clergé (1).

---

(1) On appelle *bénéfice du clergé* , la faveur accordée jadis aux ecclésiastiques de ne pouvoir être traduits devant un juge séculier, ce qui exemptait de la mort tous ceux qui savaient lire. Le prêtre de la prison leur présentait, en effet, un livre en caractères gothiques ; et s'ils parvenaient à le déchiffrer, il disait : *legit ut clericus.* Ils en étaient quittes alors pour recevoir l'application d'un fer chaud sur la paume de la main.

N°. 49.

Exposition de Monstres.

L'action de faire voir en public, pour de l'argent, un monstre de l'espèce humaine, est traitée de crime, soit que ce monstre soit mort, soit qu'il soit en vie.

N°. 5o.

De l'Oisiveté.

L'oisiveté est regardée comme un crime punissable.

Les gens oisifs et qui mènent une vie déréglée sont emprisonnés pour un mois dans une maison de correction.

Parmi les fainéans et les gens qui mènent une vie déréglée sont ceux qui menacent de quitter le pays et de laisser leurs enfans à la charge de la

paroisse ; ceux qui reviennent illici-
tement et sans certificat d'un pays dans
lequel ils avaient été légalement relé-
gués par deux juges de paix ; les ouvriers qui refusent de travailler pour
leurs gages accoutumés et qui n'ont
pas d'autres moyens d'exister ; les
mendians ; les tireurs d'armes ; les
gens qui montrent ou qui font danser
des ours ; les comédiens ou méné-
triers ambulans ; les escamoteurs , les
diseurs et diseuses de bonne aventure ; les porte-balles sans patente ;
les gens errans çà et là , et couchant
dans des granges sans pouvoir rendre
un bon compte de leur conduite,

La loi punit encore sévèrement les personnes qui ramassent dans les manufactures des bouts de trame ou des rebuts de pièces de drap ; cette sévérité a pour objet d'empêcher les abus qui pourraient avoir lieu dans ces fabriques.

~~~~~~~~~~~~~~~~~~~~~~~~~~~~~~~~~~~~~

N°. 51.

DU LUXE.

Le luxe de table est réprimé en Angleterre. Personne ne peut y avoir, à son dîner ou à son souper, plus
~~~~~~~~~~~~~~~~~~~~~~~~~~~~~~~~~~~~~

de deux services, si ce n'est dans un des grands jours de fête spécifiés, et où il peut en avoir trois.

Dans l'intention d'encourager les pêcheries et l'accroissement du nombre des bestiaux, la loi défend de manger de la viande sans permission, les vendredis, les samedis, le jour des cendres, et dans tout cours du carême, sous peine d'amende de vingt schellings et d'un mois d'emprisonnement.

Nº. 52.

Du Jeu.

Le jeu est universellement regardé comme un mal public.

Pour réprimer cette passion dans les classes inférieures du peuple, la loi veut que les gentlemen seuls aient la liberté de jouer au billard , aux cartes, aux dés, à la boule, au palet, etc., à moins que ce ne soit à l'époque de Noël ; les contrevenans encourent une amende et l'emprisonnement.

Dans les classes plus élevées de la société, si une personne, en jouant ou en gageant, perd plus de cent livres sterling à-la-fois, elle ne sera point obligée de payer, et le joueur qui lui aura gagné cet argent encourra une amende triple de la somme, dont moitié au profit du roi, et moitié au profit du dénonciateur.

Un homme qui perd au jeu dix livres sterling peut poursuivre le gagnant et se la faire restituer par la voie employée pour le recouvrement des dettes légitimes.

Deux juges de paix ont droit d'examiner la conduite d'une personne qui

7

passe pour vivre du jeu, et si elle ne peut pas prouver le contraire, la forcer à donner caution de sa bonne conduite pendant un an, et à défaut, de sa part, de fournir une garantie sûre, ils sont autorisés à la mettre et tenir en prison jusqu'à ce qu'elle ait satisfait au vœu de la loi. Si, dans le lieu de sa détention, elle perd vingt shellings par séance, cette transgression sera du ressort d'un jury criminel.

N°. 53.

DES LOTERIES.

Toutes loteries particulières par billets, cartes ou dés, et principalement les jeux de Pharaon, de passe-dix, et autres avec des dés, le trictrac excepté, sont prohibés sous peine de deux cents livres sterling pour l'entrepreneur, et de cinquante livres pour les joueurs.

N°. 54.

Des Courses de chevaux.

Pour empêcher la multiplicité des courses de chevaux, il est ordonné par la loi qu'aucun prix au-dessous de la valeur de cinquante livres sterling ne sera couru sous peine d'une amende de deux cents livres sterling, exigible du propriétaire de chaque cheval, et de cent livres sterling, exigible de celui qui aura annoncé pareille course.

~~~~~~

N°. 55.

DE LA CHASSE.

Pour jouir du droit de chasser, en Angleterre, il faut avoir les qualités ci-jointes :

1°. Être propriétaire d'un bien du rapport de cent livres sterling par an ;

2°. Avoir un bail amphytéotique d'une terre dont le revenu est de cent cinquante livres sterling ;

3°. Être le fils et l'héritier apparent

7.
~~~~~~

soit d'un écuyer, soit d'une personne d'une naissance élevée ;

4°. Être le propriétaire ou l'adjudicataire d'une forêt, d'un parc ou d'une garenne ;

5°. Avoir une licence pour tirer ou pour porter le fusil.

N°. 56.

DES CRIMES.

Le roi d'Angleterre peut remettre tous les crimes qui entraînent la décapitation, excepté ceux de haute trahison.

N°. 57.

De l'Adultère.

Un mari qui surprend un homme dans l'acte de vouloir porter atteinte à l'honneur de sa femme, peut le tuer; il en est de même d'un père dont un homme veut enlever la fille ; mais l'un et l'autre perdent ce droit si l'adultère ou le rapt se commettent d'un consentement mutuel.

N°. 58.

Des Obligations des bateliers.

Si un batelier, entre Gravesende et Windsor, reçoit dans son batelet un plus grand nombre de personnes que celui permis par la loi, c'est-à-dire sept, il est coupable non-seulement d'homicide (1), mais encore de félonie, et condamné à la déportation.

---

(1) La peine de l'homicide est l'application d'un fer chaud dans la main, et la confiscation des biens.

N°. 59.

De l'Homicide et du Meurtre.

Si un homme commet un acte dont la conséquence probable peut être et est éventuellement la mort, cette manière de faire mourir peut être considérée comme un meurtre, quoique aucun coup ne soit frappé par lui, ou qu'il n'y ait eu de sa part aucune intention de tuer.

Tels furent les cas où un fils dénaturé après avoir exposé son père malade à l'air, contre sa volonté, causa par cette atrocité sa mort, et où une fille du monde cacha sous des feuilles, dans un verger, son enfant, qui reçut plusieurs coups de bec d'un milan, et en mourut.

Si un homme qui a une bête dressée à faire du mal, la laisse sortir et qu'elle tue quelqu'un, il est coupable d'homicide ; mais s'il *la lâche*, avec dessein, quoique ce ne soit que pour s'amuser, il est coupable de meurtre.

Un homme qui va dans la foule avec un cheval auquel il connaît l'habitude de ruer, est coupable de meurtre, si ce cheval cause la mort de quelqu'un. Cet acte est regardé comme un trait de malice universelle et dirigé indistinctement contre toute l'espèce humaine.

N°. 60.

Du Viol.

Prendre de force une fille prostituée, est crime de félonie, attendu qu'il est possible qu'elle ait changé de genre de vie.

N°. 61.

Du Vol avec effraction.

Tout homme qui entre de nuit dans une maison pour y voler après avoir fait effraction, est puni de mort. Mais pour que le crime emporte la peine capitale, il faut qu'il ne fasse pas clair à distinguer la figure d'un homme ; il faut aussi que les lieux dont on a fait l'effraction soient un domicile ou un *manoir ;* une grange éloignée, un magasin séparé, n'entrent pas dans cette description.

Enfoncer la porte d'une maison où personne ne demeure, n'entraîne pas la peine capitale ; mais si elle est habitée par intervalles, quoiqu'il n'y ait plus personne au moment de l'effraction, le crime est toujours le même.

Entrer de nuit par une cheminée, est réputé vol avec effraction ; mais il n'en est pas de même si le voleur passe par une fenêtre qu'il a trouvée ouverte.

Si un homme entre de jour dans une maison dont la porte est ouverte, et qu'il en sorte la nuit avec des effets volés, en brisant la porte ou la fenétre, il est coupable de vol avec effraction.

Nᵒ. 62.

De la Responsabilité des cantons.

Le canton où un vol se commet de jour, même avant le lever et après le coucher du soleil, pourvu qu'il fasse assez clair pour distinguer la figure d'un homme, est responsable de ce vol.

N°. 63.

Des Récompenses accordées à ceux qui arrêtent des coupables.

La loi accorde certaines récompenses et certains avantages aux personnes qui arrêtent des délinquans. Ainsi celles qui livrent à la justice un voleur de grands chemins, dûment convaincu, reçoivent du trésor public une somme de quarante livres sterling qui leur est allouée, ou, en cas de mort, à leurs héritiers par le schériff du canton, sans compter le cheval, les harnois, les habits, les armes, l'argent et autres effets pris sur la personne du voleur, avec la réserve néanmoins des droits de la partie qui a été volée. Elles reçoivent encore 10 livres sterling par le comté qui se trouve amplement dédommagé par une telle arrestation.

Lorsqu'un prévenu est amené devant un juge de paix, ce magistrat est tenu d'examiner les griefs portés contre lui, de l'acquitter s'il est innocent; et s'il est coupable, ou s'il donne lieu à des soupçons, d'exiger

de lui une caution, et en cas de
refus, de le faire arrêter.

N°. 64.

Des Cautions fournies par les prévenus, d'après l'acte d'habeas corpus.

Refuser caution à une personne qui a droit de la fournir, est, dans un magistrat, une offense contre la liberté d'un sujet ; mais aussi, recevoir une caution d'un homme qui n'est pas *cautionnable*, soumet ce magis-

trat , à la punition de l'emprisonnement pour trois ans , et à une
amende laissée à la discrétion ou
au bon plaisir du roi.

Les offenses pour lesquelles on n'est
pas *cautionnable* ou pour lesquelles on
peut pas offrir de caution sont les
suivantes :

1°. Le crime de haute trahison ;

2°. Le crime de meurtre ;

3°. Celui d'homicide, si le prévenu a vraiment tué, et s'il n'en est
pas seulement soupçonné ;

4°. Le crime de félonie ;

5°. Le bris de prisons.

Les personnes mises hors la loi ,

celles qui ont abjuré, celles qui ayant commis le crime de félonie, ont, pour obtenir leur grâce, déclaré leurs complices, celles qui sont accusées d'avoir mis le feu quelque part, et les personnes excommuniées, ne sont pas admises au bénéfice de fournir caution.

Les personnes dont il est permis aux juges de paix de recevoir caution ou de la refuser à leur choix, sont les suivantes :

Les voleurs de profession ; les personnes qui, accusées de félonie ou d'offenses énormes, ne jouissent pas d'une bonne réputation.

Celles-ci sont nécessairement admises à la donner, si toutefois elle
est suffisante et valable; savoir : les
personnes jouissant d'une bonne réputation, chargées d'un simple soup-
çon d'homicide, ou accusées d'un
homicide d'un degré de culpabilité
inférieur ; celles coupables de petits
larcins ; celles coupables de félonie
avec bénéfice du clergé.

La cour du banc du roi, ou un
juge de cette cour pendant les vaca-
tions, peut offrir caution, pour quelque crime que ce soit, suivant la cir-
constance du cas, même pour celui
de haute trahison ou de meurtre,

excepté cependant pour les personnes qui sont arrêtées par les chambres du parlement pendant leurs sessions, ainsi que celles qui l'ont été à l'occasion d'un acte de mépris, par les cours supérieures de justice royale.

Un prisonnier, pendant sa détention qui n'a pour but que de s'assurer de sa personne, ne doit point être chargé de fers inutiles, ni être sujet à aucune autre gêne que celle supposée nécessaire par le geolier.

N°. 65.

DES JURYS.

Il y a en Angleterre deux Jurys, c'est-à-dire, le grand jury et le jury de jugement.

Le grand jury se compose des propriétaires les plus respectables du pays.

Le nombre convoqué est de 24 : ils ne peuvent pas être moins de 12, et plus de 23 pour donner leur décision. Douze peuvent former une majorité. Ce jury est chargé de pro-

noncer sur la validité de l'acte d'accu-
sation. Pour que cette validité soit
reconnue, il faut la déclaration de
douze jurés.

Le jury de jugement est composé
de 48 jurés sur lesquels le prévenu
peut en récuser *péremptoirement* 35,
sans donner aucune raison de cette récusation, pour qu'il ne se trouve pas dé-
concerté par le motif qu'il spécifierait
de la mauvaise opinion qu'il a de son
jury. Cette récusation *péremptoire*
est néanmoins refusée au roi, ou plutôt au conseil du roi qui ne peut pas
récuser des jurés sans en désigner la
cause. Ce motif doit être examiné et

approuvé par la cour Mais le conseil du roi n'est tenu de motiver sa récusation que lorsque le tableau des jurés a été entièrement épuisé, à moins qu'il ne se puisse former un jury complet sans les personnes ainsi récusées.

Si un prisonnier récuse péremptoirement plus de 35 jurés, il est réputé muet volontaire, et est regardé comme convaincu.

Dans les accusations de crime de félonie, le prévenu ne peut récuser péremptoirement que 20 jurés ; s'il en récuse un plus grand nombre, ses récusations sont annulées et les jurés récusés conservés.

Les hommes exempts de la fonction de juré sont ceux qui sont malades, ceux qui ne résident pas dans le comté, ceux qui ont atteint un âge au-dessus de 70 ans ou qui n'en ont pas encore 21, les médecins, les conseillers ou avocats, les procureurs, les officiers des cours, et les ecclésiastiques.

N°. 66.

Des défenseurs.

Les prévenus de crimes capitaux n'ont point de défenseurs ; le juge leur en tient lieu. Il leur en est accordé cependant lorsqu'il s'élève un point de droit jugé digne d'être débattu. Il leur en est encore accordé pour examiner les dépositions et leur véracité.

Les personnes prévenues de crime de haute trahison, le faux monnayage excepté, ont la liberté d'avoir deux défenseurs nommés par elles-mêmes et approuvés par la cour. La même indulgence est accordée aux accusations parlementaires de haute trahison.

N°. 67.

Du nombre des témoins.

Dans tous les cas de haute trahison, de *petite trahison* , (1) de *misprision*

---

(1) On appelle en Angleterre crimes de petite trahison, l'action d'un ecclésiastique qui tue un prélat, d'un enfant

de trahison (1) , deux témoins sont nécessaires à la conviction d'un prisonnier , à moins que volontairement et sans violence , il n'avoue son crime. Il y a exception cependant pour les crimes de faux monnayage, d'altération des monnaies , de fausses signatures et de contrefaçon de billets de banque. Si le prisonnier *avoue le fait*, ce doit être en plein tribunal : on prétend néanmoins qu'un aveu fait hors de la

qui tue son père , d'une femme qui assassine son mari , un domestique qui attente aux jours de son maître.

(1) Le crime de misprision de trahison est l'action de tenir cachée ou de ne pas découvrir une trahison.

cour, devant un magistrat ou une personne autorisée à le recevoir en présence de deux témoins, est suffisant.

Dans tout autre cas, il ne faut qu'un témoin; mais un seul témoin ne peut convaincre un homme de parjure, parce qu'alors il n'y a qu'un serment opposé à un autre; et dans les cas de trahison, on exige deux témoins, afin qu'un homme ne puisse pas être victime d'une conspiration factice. Comme dans tous les autres crimes, le secret avec lequel ils sont nécessairement commis, s'oppose souvent à ce qu'on trouve plus d'un témoin, il serait dangereux de laisser, pour

cette raison, échapper le coupable
impuni.

N°. 68.

De l'unanimité dans la déclara-
tion du jury.

La déclaration du jury qui pro-
nonce sur la culpabilité d'un accusé
coupable, doit être faite à l'unanimité;
l'exception d'une seule voix l'absout.

Dans plusieurs circonstances où,
contre l'évidence la plus claire, le
jury a trouvé un accusé coupable,
sa déclaration a été cassée par la clé-

mence de la cour du banc du Roi,
qui a ordonné la révision du procès ;
mais il n'est pas d'exemple que les
rois d'Angleterre aient ordonné la remise en jugement d'un prévenu ab-
sous (1).

Le jury de jugement prend le nom
de *jury spécial* dans les cas où la

----

(1) Ou Buonaparte ne se laissait pas
conduire par l'exemple, ou il n'a pas lu
Blackstone ; car les révisions qu'il a or-
données, témoin le procès des percepteurs
d'Anvers, avaient pour but de trouver des
coupables. *Voy*. le portrait du tyran dans
une brochure intitulée : le *Cri d'indigna-
tion* ou l'*Ami des Bourbons*, par l'éditeur
de cet ouvrage. Paris, chez Dabo, place
Saint-Germain-l'Auxerrois, n°. 31.

cause est trop délicate pour être décidée par des jurés étrangers à l'objet du procès dont il s'agit.

Le jugement des pairs en cour de parlement, est à-peu-près le même que le jugement par des jurés : la seule différence qu'il offre, c'est que leur déclaration n'a pas besoin d'être unanime; elle n'a pas besoin non plus d'être spéciale, les lords du parlement et le lord intendant-général ou grand-maître, étant suffisamment instruits des lois de l'Angleterre ; mais une majorité de douze voix entraîne les autres.

Le jugement par jurés est un des grands boulevards de la liberté anglaise qui lui est garantie par la grande charte.

Il a été décidé par cette grande charte qu'aucun Anglais ne sera arrêté, emprisonné, banni, ni en aucune manière détruit que par un jugement légal de ses pairs, et par la loi du pays.

Le Roi peut accorder à un criminel son pardon ; mais une suppression de la vérité, une suggestion de fausseté, dans la charte du pardon, opère sa nullité ; car le monarque, dans ce cas, est supposé avoir été mal informé.

C'est une règle générale néanmoins que les pardons soient motivés de la manière la plus avantageuse pour le sujet, et la moins favorable au Roi.

L'exécution d'un criminel se fait sous la direction du schériff ou de son député. Ce serait, de sa part, un crime de félonie que de changer le mode de cette exécution en substituant une peine à une autre. Le Roi même ne peut pas le changer, et lorsqu'après le jugement d'un condamné à la potence jusqu'à ce que mort s'ensuive, le criminel n'expire pas entièrement et revient à la vie, le schériff est obligé de le livrer de nouveau au supplice de la corde. Si, dans pareils cas, on écoutait en effet une fausse tendresse, la fraude et la collusion ne connaîtraient plus de frein.

ABRÉGÉ

DES

RÈGLEMENS ET STATUTS,

DU

PARLEMENT D'ANGLETERRE.

ELECTIONS.

Il faut avoir 21 ans pour être électeur.

Un étranger et un régnicole ne peuvent être éligibles, mais ils ont droit de l'être quand ils sont naturalisés.

Pour être électeur, il faut avoir 40 scheling ou 48 francs à-peu-près de revenu en biens fonds.

Il faut jouir d'un revenu de 600 livres sterling pour représenter un comté, et de 300 livres sterling pour être le député d'une bourgade.

DU PARLEMENT.

Le parlement a toujours été, et doit toujours être convoqué par un rescrit du roi.

Le parlement ne peut s'ouvrir qu'en présence du roi ou de quelqu'un qui le représente.

La chambre des communes choisit elle-même son orateur ; mais ce choix doit être approuvé par le roi. L'orateur de la chambre des pairs est le lord chancellier ou garde du sceau.

Un acte du parlement, pour être valable, doit avoir le consentement du roi, des lords et de la chambre des communes.

Un membre ne peut parler qu'une fois sur le même sujet.

Personne ne peut passer entre le membre qui parle et l'orateur.

Une motion ne peut être débattue, que celui qui l'a faite ne soit secondé par un autre.

Aucun membre ne doit mentionner le nom d'un autre membre présent; mais le désigner par son titre, sa charge ou sa place.

Personne n'a le droit d'interrompre un membre qui parle, que l'orateur.

Tout membre de la chambre des communes est à l'abri de mandats d'arrêts, de prise de corps et autres poursuites; il n'a à redouter que la censure de la chambre.

Si quelqu'un se sert de termes offensans ou d'expressions piquantes, la chambre s'écrie que c'est contre l'ordre ; et si quelque membre parle avec mépris ou d'une manière irréverencieuse du prince, il est interrompu sur-le-champ : on a vu même des membres envoyés à la tour pour ce fait, sur une proposition de la chambre.

Une question une fois proposée et déterminée par l'affirmative ou par la négative, ne peut être proposée de nouveau : c'est le jugement définitif de la chambre.

Tout membre de la chambre peut

proposer un bill pour le bien public, excepté pour imposer une taxe, ce qui ne peut se faire que par l'ordre de la chambre, préalablement accordé.

Un bill rejeté ne peut être présenté de nouveau dans la même session, à moins qu'on n'y change quelques articles.

Un bill qui a été lu trois fois, et qui est approuvé, ne peut éprouver aucun changement.

Lorsque, dans la division des voix des membres de la chambre, le nombre est égal, l'orateur donne sa voix pour l'affirmative ou la négative, et alors elle rompt la balance des nombres ; mais dans tout autre cas, il n'a pas de voix.

Si plusieurs bills ont passé le même jour et au même parlement, ils n'ont aucune priorité de date l'un sur l'autre.

Le roi peut ajourner le parlement en personne ou par une ordonnance scellée du grand sceau, mais non par un message verbal ; car personne n'est tenu d'ajouter foi à une pareille intimation.

(114)

Un parlement ne peut être discontinué ou dissous que par le roi.

Tout membre de la chambre des communes remplit une place judiciaire ; il ne peut par conséquent pas être témoin.

Un membre de la chambre des communes ne peut pas, par la même raison, être juré.

Les membres du parlement qui ont attaqué quelques parties d'un bill peuvent être du comité où il sera discuté ; il n'en est pas de même de ceux qui ont attaqué sa totalité.

Un comité ne peut effacer ou interligner un bil ; il doit écrire sur une feuille de papier séparé, les amendemens, de cette manière : « *A un tel folio et à telle ligne , entre telle et telle expression , mettez ou retranchez les mots....* »

Un grand comité est composé d'autant de membres qu'il y en a dans la chambre. Dans cette espèce de comité , chaque membre peut parler plus d'une fois sur le même sujet , ce qui ne lui est pas permis , lorsque la chambre est assemblée dans l'ordre ordinaire.

Les bills d'une grande importance, et principalement ceux relatifs aux taxes, sont ordinairement renvoyés à un grand comité pour pouvoir y être plus amplement examinés, et afin aussi qu'ils passent avec plus de célérité.

Les comités relatifs au sujet de la religion, des griefs et des cours de justice sont toujours des grands comités. Il en est quelquefois de même de ceux relatifs au commerce.

FIN.

ue bien après l'action entreprise.

 Poulette donc, raisonnant à sa guise,
isait tout bas : Mon sort est bien chanceux ;
ous avons fait une sottise à deux,
t je suis seule à présent à la boire !
e mon honneur qu'est-ce que l'on va croire ?
t si ma bonne allait me découvrir !...
h ! juste ciel ! j'aimerais mieux mourir.
e serait bien le parti le plus sage
e renoncer à ce maudit voyage,
n regagnant, sauf la correction,
'enclos sacré de notre pension :
ais quoi ! j'irais reprendre la clôture
ans avoir vu le coq, même en peinture !
uel supplice ! Ah ! ce desir dans mon cœur
'opposerait sans cesse à mon bonheur.
oyons-en un, du moins pour les connoître,
t je retourne aussitôt dans mon cloître.

 Ainsi raisonne avec son traversin
out crâne enté sur un corps féminin.
h ! si maman me faisait voir ce monde
ontre lequel nuit et jour elle gronde ;
omme elle au moins si j'en avais tâté
our en connaître à fond la vanité,
ans un désert, lors de toutes mes forces,
irais bientôt fuir ses fausses amorces...
ous ; malgré ses pièges, ses poisons,
e monde plaît tant que nous lui plaisons ;